UNE

CONFESSION

PUBLIQUE

PAR ALEX. DE SAINT-ALBIN

PARIS

AU BUREAU DU CORRESPONDANT

CH. DOUNIOL, ÉDITEUR

RUE DE TOURNON, 29.

1851

PARIS

E. DE SOYE ET Cᵉ, IMPRIMEURS

rue de Seine, 36.

UNE

CONFESSION PUBLIQUE

L'âme a sa pudeur aussi bien que le corps, et la plus sincère ne peut souffrir d'être exposée toute nue aux regards des hommes. La pudeur du corps ne peut même s'expliquer que par celle de l'âme : qu'espérons-nous, en effet, cacher à la pensée de ceux qui nous regardent quand nous ne cachons à leurs yeux qu'un corps tout semblable aux autres corps? Mais le corps est le serviteur de l'âme, l'âme se couvre de voiles, et le serviteur fait comme son maître.

La beauté de l'âme ne se montre point au grand jour ; et sa beauté la plus touchante, c'est la modestie que le grand jour blesse, altère, efface entièrement, comme fait le soleil des couleurs les plus tendres. Mais, ainsi que la beauté du corps est devinée à travers les voiles qui la couvrent, ainsi, sans le vouloir et sans même le savoir, la beauté de l'âme se révèle à travers les actions et les paroles. Une tendre mère ne songe point à se parer de sa tendresse, mais de son enfant ; elle ne dit pás : Toutes mes pensées sont pour lui, mais elle parle de lui sans cesse et avec une complaisance qui se trahit aux yeux les plus inattentifs ; elle ne dit pas : Je l'aime plus que ma vie, mais elle lui dévoue sa vie.

L'âme a sa laideur comme elle a sa beauté ; la honte l'empêche de laisser voir l'une, comme la modestie lui défend de montrer l'autre. La laideur de l'âme, que la Théologie appelle le péché, doit être cachée avec encore bien plus de soin que les plaies du corps. Les blessures dans lesquelles les plaies de l'âme ont leur origine ne peuvent devenir glorieuses que lorsqu'elles sont tout à fait cicatrisées, car la gloire ne peut jamais être de les avoir reçues, mais de les avoir fermées et guéries.

Il faut donc, quel que soit son état, il faut donc que l'âme se cache, mais il faut qu'elle se cache en Dieu. Si elle est belle, ce n'est pas pour elle-même : comme la beauté du corps est faite pour plaire à nos yeux, ainsi la beauté de l'âme est faite pour réjouir le regard de Dieu. Si, au contraire, elle est défigurée par quelque blessure, si elle est couverte de plaies, il faut que le médecin ferme ces plaies et rende à l'âme, faite à l'image de Dieu, sa beauté originelle ; et le médecin de l'âme, c'est Dieu.

L'âme se cache en Dieu par la confession dont Jésus-Christ a fait un sacrement qu'il a appelé la Pénitence et que l'Église veut que nous recevions avant de demander les autres [1] ; la première condition pour obtenir les grâces extraordinaires de Dieu, c'est d'être dans son intimité.

La confession doit être secrète. Dieu qui aime par dessus tout la pureté, n'a pas pu instituer un sacrement contraire à la pudeur de l'âme, à la pudeur, cette sentinelle avancée qui défend l'âme contre toute surprise des pensées mauvaises et même contre toute approche des pensées dangereuses. La confession, par laquelle nous dépouillons volontairement devant Dieu notre âme des voiles qui la cachent aux regards indiscrets des hommes, doit ménager la pudeur. « Elle doit, dit le cardinal de la Luzerne, être faite secrètement et à « voix tellement basse, qu'elle ne soit entendue que du confesseur. « Entre le coupable et son juge il ne faut pas de témoin..... [2] » Pourquoi des témoins, en effet, à un tribunal où nous sommes les justiciables consentants, volontaires, et, plus souvent encore, les justiciables empressés de Dieu ?

Cependant les fautes que nous avons à confesser ont peut-être été commises publiquement, peut-être ont-elles rempli le monde de scandale..... Dans la société civile, le crime devenu public, même bien longtemps après sa perpétration et contre la volonté de son auteur et malgré tous les soins qu'il avait pris pour en assurer le secret, appelle une expiation publique. Il en est ainsi dans la société religieuse : la réparation du scandale doit être publique comme le scandale qu'elle veut effacer. *Publicè peccantes*, dit le Concile de Trente, *publicè pæniteant* [3]. Et cette publicité de la pénitence a été

---

[1] Il n'est fait d'exceptions que pour le Baptême et l'Extrême-Onction, pour le nouveau-né et pour le moribond. Mais ces exceptions confirment la règle, et c'est l'impossibilité absolue de la confession qui seule dispense de la confession.

[2] *Considérations sur divers points de la morale chrétienne.* Sur la Pénitence.

[3] « Quando... ab aliquo publice et in multorum conspectu crimen commissum « fuerit, unde alios scandalo offensos commotosque fuisse non sit dubitandum;

quelquefois jusqu'à la publicité de la confession qui est le commen-
cement de la pénitence. Des ménagements excessifs ne sont plus dus
à la pudeur d'une âme qui n'a pas craint de donner au monde le
spectacle de ses débordements. Et d'ailleurs, dût la pudeur de cette
âme en recevoir une atteinte cruelle, un intérêt bien supérieur, celui de tant d'âmes mises en péril par le scandale, demande, et l'é-
quité ordonne que celui qui a fait le mal le répare.

Saint Augustin a eu ce difficile courage. Pour être publiques, ses
Confessions n'en sont pas moins des confessions véritables. Elles ont
toutes les qualités qu'exigent les anciens théologiens [1]. Elles sont
l'accusation, elles ne sont pas la glorification du péché.

Puisque les lettrés du dernier siècle et surtout ceux du nôtre n'ont
pas craint de rappeler, à propos d'autres *Confessions*, ce grand nom
de saint Augustin, puisque le rapprochement des *Confessions* de saint
Augustin et des *Confessions* de Jean-Jacques Rousseau est aujourd'hui
un lieu commun en littérature, je veux signaler ici entre l'aveu de
cet ancien pécheur qui dit à Dieu : Je suis le plus misérable des
hommes, jugez-moi, Seigneur, selon la grandeur de votre miséri-
corde, — et ce monument qu'un philosophe a élevé à son orgueil,
et où il dit à Dieu : *Voilà ce que j'ai fait, ce que j'ai pensé, ce que je
fus..... Que chaque homme découvre son cœur et te dise, s'il l'ose :* JE
FUS MEILLEUR QUE CET HOMME - LA... Juge-moi selon ta justice ! — je
veux signaler ici une seule contradiction qui renferme et qui expli-
que toutes les autres : toutes les qualités que les anciens théologiens
exigeaient de la confession, sont les qualités même des *Confessions*
de saint Augustin, à ce point qu'on pourrait se demander si la règle
a été faite sur un si beau modèle ou si ce grand génie s'est soumis
humblement et simplement à la règle ; toutes ces qualités, toutes,
manquent aux *Confessions* de Jean-Jacques Rousseau, *simplex, hu-
milis, pura, nuda et discreta, libens, verecunda, integra, lacrymabilis,*

« huic condignam pro modo culpæ pœnitentiam publice injungi oportet; ut quos
« exemplo suo ad malos mores provocavit, suæ emendationis testimonio ad rectam
« revocet vitam. » CONCIL. TRIDENT., Sess. XXIV; *Decretum de reformatione,*
cap. VIII.

[1] Ces qualités ont été résumées dans ces quatre vers :

> Sit simplex, humilis confessio, pura, fidelis,
> Atque frequens, nuda et discreta, libens, verecunda,
> Integra, secreta et lacrymabilis, accelerata,
> Fortis et accusans, et sit parere parata.

fortis et accusans, parere parata, et tous les défauts contraires sont les vices les plus saillants de ce livre, où l'orgueil d'un homme lâche, menteur, ingrat, libertin, voleur, dénaturé, presque parricide, se drape dans ses crimes.

Étrange destinée que celle de l'orgueil ! La vertu seule pourrait le justifier, si quelque chose pouvait le justifier, si nous pouvions tirer de nous-mêmes quelque chose que nous ne dussions point rapporter à Dieu. Mais où il est, la vertu n'est plus. Si nous considérons l'état de notre âme quand il y règne, l'orgueil ne peut rien légitimer qu'un sentiment tout opposé à lui-même. Notre orgueil, si nous savons bien en comprendre la nature et le caractère, doit faire notre confusion et notre honte.

Mais nos vices ont comme nous l'instinct de leur conservation. Ne pouvant vivre avec la vertu, l'orgueil s'attache à des objets pour lesquels il ne semblait d'abord pas fait. De là le scandale des confessions publiques qui ne sont point inspirées par une véritable humilité. Celui qui se confesse (je ne peux pas dire le pénitent) ne rougit point, mais il couvre de rougeur et de honte les témoins de sa confession.

C'est là du moins l'impression produite en moi par une confession publique à laquelle je viens d'assister, par la lecture de trois volumes qui forment la suite d'un même récit, dont le premier a été livré à la publicité, il y a deux ans, et le dernier, il y a quinze ou vingt jours, autobiographie que son auteur a intitulée : *Les Confidences,* — *Raphaël,* — *les Nouvelles Confidences.*

Les Confidences, Raphaël, les Nouvelles Confidences, ne sont que les trois parties d'un même livre. Le dernier mot de la dernière page des *Confidences,* est celui-ci : « Voyez *Raphaël.* » L'autobiographe a senti dans son cœur une protestation suprême de sa pudeur vaincue et mourante, contre cette seconde partie de sa confession, et ne voulant pas en répudier la triste gloire, n'osant pas non plus l'accepter tout à fait, il a imaginé, en conservant à son récit la forme autobiographique, de placer en tête cet avis, peut-être superflu : « Le vrai nom de l'ami qui a écrit ces pages n'était pas Ra- « phaël. » C'est une fantaisie dont je ne me plains pas : elle a du moins, quoique j'eusse préféré le choix de tout autre nom, elle a pour moi ce mérite de me mettre encore plus à l'aise, pour dire ici ce que j'ai résolu de dire des *Confidences,* de *Raphaël* et des

Nouvelles Confidences qui reprennent le récit où *Raphaël* l'a laissé.

J'ai nommé tout à l'heure saint Augustin et Jean-Jacques Rousseau. Je n'ai pas besoin de m'excuser d'avoir fait ce rapprochement : tout le monde l'avait fait avant moi, et particulièrement Raphaël dans le *Préambule* de ses *Nouvelles Confidences* : « Je suis ce que furent, au « génie et à la vertu près, saint Augustin, Jean-Jacques Rousseau, « Châteaubriand, Montaigne, tous les hommes qui ont interrogé si- « lencieusement leur âme, et qui se sont répondu tout haut, pour que « leur dialogue avec eux-mêmes fût aussi un entretien avec leur « siècle ou avec l'avenir. (Pag. 6.) » Mais cet entretien avec leur siècle et avec l'avenir, a eu ceci de commun chez les deux premiers, qu'ils l'ont appelé *Confessions ;* le troisième l'a appelé *Mémoires*, le dernier l'a appelé *Essais*. Aucun d'eux ni personne au monde avant Raphaël, n'avait appelé *confidences* un entretien avec les contemporains et avec la postérité. Rousseau lui-même a montré dans tout le cours de cet entretien un assez grand respect de la langue, et il n'a pas voulu outrager le bon sens dès l'intitulé de son livre.

Si je demande une définition de la *confidence* à cette sixième édition du *Dictionnaire de l'Académie*, à la préparation de laquelle Raphaël a concouru, j'y lis : « CONFIDENCE. Communication d'un secret [1]. »

Pourquoi Raphaël a-t-il *communiqué ses secrets* à son siècle et à l'avenir? Qu'il me soit permis d'écarter d'abord cette raison qu'il allègue lui-même de cette confidence universelle, et qu'il tire de ces embarras que Juvénal [2] a résumés en trois mots, *res angusta domi*.

J'aurais sans doute beaucoup à dire sur cette source féconde des

---

[1] Raphaël ne prévoyait pas qu'il communiquerait un jour ses secrets à son siècle et à l'avenir, lorsqu'il écrivait ces vers :

> Le poëte est semblable aux oiseaux de passage
> Qui ne bâtissent point leurs nids sur le rivage,
> Qui ne se posent point sur les rameaux des bois;
> Incessamment bercés sur le courant de l'onde,
> Ils passent en chantant loin des bords, et *le monde*
> *Ne connaît rien d'eux que leur voix.*

(LE POËTE MOURANT.)

Son biographe qui ne prévoyait guère non plus les *Confidences*, disait, il y a quinze ans, que Raphaël, « comme tous les grands poëtes, a pris pour devise cette « maxime du sage : *Cache ta vie ;* et c'est seulement, ajoutait-il, en relisant ses « poëmes avec amour, que se peuvent découvrir çà et là quelques notes éparses « sur la jeunesse du grand poëte. » (M. JULES JANIN, *Dictionnaire de la Conversation*, t. XXXVI, p. 152.)

[2] Raphaël attribue à Horace cette définition : « Il était, en ce temps de sa vie,

inspirations de nos grands auteurs à la mode. Mais le mérite de s'être affranchi de toutes les convenances ne donne pas encore à Raphaël le pouvoir d'en délier les autres. Une confidente de Raphaël, la postérité, aura peut-être des reproches sévères à lui adresser : les contemporains doivent se taire, accueillir ou repousser un livre pour ce qu'il est en lui-même, bon ou mauvais, agréer ou condamner des *confidences*, selon leur opportunité et selon le degré de respect qu'elles conservent pour ce qui doit toujours être respecté.

Raphaël est depuis vingt ans mêlé aux affaires publiques de son pays. Qu'il croie devoir donner à ses concitoyens des explications sur ses actes, sur ses paroles, sur les sentiments qui l'ont dirigé, sur les motifs qui ont déterminé ses évolutions successives, c'est tout naturel et fort légitime. Un jour il a publié un mémoire justificatif sous le titre ambitieux d'*Histoire de la Révolution de* 1848. On a pu opposer au roman historique les documents historiques, au témoignage d'un seul les souvenirs de tous, on a pu rendre aux circonstances atténuantes pour lesquelles Raphaël plaidait, leur caractère aggravant; personne n'a pu avoir même la pensée de contester l'évidente opportunité du mémoire justificatif d'un accusé.

Mais les *Confidences* ne découvrent point le côté secret des affaires publiques, ni même, ce qui serait déjà bien différent, le côté secret de la vie d'un homme public. Elles s'arrêtent précisément au jour où elles pourraient prendre la parole, au jour où Raphaël livrant à la publicité ses premières *Méditations poétiques*, a commencé par là d'appartenir au public. Elles ouvrent à la foule l'inviolable domaine de la famille, elles lui livrent ce qui n'appartient qu'à la plus étroite intimité, les doux épanchements du foyer domestique ; elles lui font tout haut, par le journal et par le livre, la confidence d'autrui.

Il faut ici peser scrupuleusement chaque mot. Raphaël a établi une distinction que je n'ai pas bien comprise, et qui est pleine d'embûches auxquelles je pourrais me laisser prendre. Ce qu'il crie à la foule de toute la force de ses poumons, il ne le dit pas à un lecteur, il ne le glisserait pas même à voix basse dans l'oreille et dans le cœur

« aussi pauvre et aussi enchaîné que moi par cette gêne si cruellement définie par
« Horace : *Res angusta domi !* » (*Raphaël*, LIX.)

Sur ce point comme sur tant d'autres, la mémoire de Raphaël est en défaut.
C'est Juvénal qui a dit (Sat. III, v. 164 et 165) :

«Haud facile emergunt, quorum virtutibus obstat
« Res angusta domi.»

sympathique et discret d'un ami. « C'est qu'un ami, dit-il, c'est quel-
« qu'un, et que le public ce n'est personne. (*Nouvelles Confidences.*
« Préambule.) » Et il ajoute : « C'est qu'un ami est un confident et
« que le public est une fiction. » Or ces *Confidences*-là ne veulent
point de confident.

Dans l'intervalle qui s'est écoulé entre la publication des deux
premiers volumes et la publication du troisième, voici ce qui est ar-
rivé. Ces *Confidences* étant tombées dans les mains d'un publiciste
éminent, celui-ci pensa qu'un livre n'était point une lettre, qu'un im-
primé n'était point un manuscrit, que les principes de discrétion
qu'il aurait suivis à l'égard d'une lettre trouvée, ne pouvaient pas recevoir ici leur application, qu'enfin il lui était permis d'ouvrir et de
lire. Il ouvrit et lut. Il ne s'est jamais exercé à supporter patiemment
les outrages au bon sens, aux bonnes mœurs, à la société, à Dieu. Ce
qu'il pense des mauvaises actions et des mauvais livres, il ne sait
pas le garder pour lui-même, il le dit tout haut et avec un grand re-
tentissement. Les *Confidences* qui sont un acte aussi bien qu'un livre,
avaient deux fois droit aux flagellations de sa plume éloquente. Sa
justice ne s'est point fait attendre.

Aujourd'hui Raphaël proteste : « ...... Vous m'accusez de violer le
« mystère devant vous ? Vous n'en avez pas le droit : je ne vous con-
« nais pas, je ne vous ai rien confié personnellement, à vous ; vous
« êtes un indiscret qui lisez ce qui ne vous est pas adressé. Vous
« êtes *quelqu'un*, vous n'êtes pas le public ; que me voulez-vous ? Je
« ne vous ai pas parlé, vous n'avez rien à me dire, et je n'ai rien à
« vous répondre. (*Nouvelles Confidences.* Préambule.) »

Ainsi, ces *Confidences* ont été écrites, imprimées deux fois, publiées
deux fois, d'abord dans un *journal immensément répandu* (c'est la
préface des *Confidences* qui le dit), puis en volumes ; elles ont été an-
noncées, prônées, vantées, à la première, à la troisième et à la qua-
trième page des journaux ; les invitations au public de les lire se sont
étalées du haut en bas de chaque journal pour être bien assurées de
rencontrer quelque part les yeux et l'attention du public, et tout cela
a été fait sans doute pour que le public tout entier les lise, mais pour que
personne n'en connaisse rien ! A celui qui se rappelle ce que Raphaël
a dit, ce que Raphaël a publié de sa mère si chrétienne, et qui en té-
moigne son douloureux étonnement, Raphaël jette vivement cette parole pour lui fermer la bouche : Vous êtes un indiscret !

Je vous comprends, Raphaël : le calcul est habile. Celui qui vous parlera de votre ami l'abbé Dumont, de vos sœurs, d'Elvire à qui les *Confidences* ont restitué son vrai nom, de votre sainte mère, avec la même liberté dont vous avez usé le premier en parlant *au public* de ces objets de vos affections, et qui perdra par là le droit de vous reprocher cette liberté dont il use à votre exemple, celui-là est du *public* à qui vous avez fait vos confidences, et ce qu'il a entendu était dit pour lui. Mais cet autre dont l'âme a conservé sa pudeur que vous blessez, et qui vous le reproche, *a lu ce qui ne lui était pas adressé;* il est *quelqu'un*, et vous lui dites fièrement : *Que me voulez-vous ?*

Eh bien, au risque d'être traité de *quelqu'un*, je crois qu'un livre, fût-ce un livre de confidences, qui est exposé au grand jour de l'annonce, de la réclame, et, s'il se peut, de la vente, appartient à chacun aussi bien qu'à tous, que chacun a le droit de dire : Voilà un pauvre livre ! et que chacun a parfois le devoir de dire : Voilà un livre détestable ! et d'avertir ceux qui ne l'ont pas encore lu : Ne le lisez pas ; vous n'avez rien à y gagner, pas même le divertissement de votre esprit ; vous avez tout à y perdre, tout, jusqu'au goût que vous aviez conservé pour les premiers vers de l'auteur.

J'ai lu *les Confidences*, et je viens recommander aux lecteurs du *Correspondant* qui ne les ont point encore lues de relire le premier volume des *Méditations poétiques* et de s'en tenir là.

Tous ceux qui liront *les Confidences* y perdront leur enthousiasme, leur admiration, leur sympathie, leur goût même pour *les Méditations poétiques* et pour quelques beaux passages des *Harmonies poétiques et religieuses*, qui rappellent *les Méditations.*

Ceux qui liront *les Confidences* ne pourront plus relire ces beaux vers :

> Pour moi, soit que ton nom ressuscite ou succombe,
> O Dieu de mon berceau, sois le Dieu de ma tombe !
> Plus la nuit est obscure et plus mes faibles yeux
> S'attachent au flambeau qui pâlit dans les cieux !
> Et quand l'autel brisé que la foule abandonne
> S'écroulerait sur moi !... temple que je chéris,
> Temple où j'ai tout reçu, temple où j'ai tout appris,
> J'embrasserais encor ta dernière colonne,
> Dussé-je être écrasé sous tes sacrés débris !

(Liv. III. Cinquième Harmonie. HYMNE AU CHRIST. A M. Manzoni.)

Dans un de ces entretiens où Raphaël et Julie-Elvire « parlent de
« Dieu, — ainsi que Raphaël le dit de Jean-Jacques Rousseau et de
« madame de Warens, — parlent de Dieu en entrecoupant de fous
« rires et de caresses enfantines ces théologies enjouées » (*Raphaël,*
XLII), Julie dit à Raphaël, qui le répète aujourd'hui complaisamment : « C'est au Dieu de votre mère et de ma nourrice que je ne
« crois plus ; ce n'est pas au Dieu de la nature et des sages... Vous
« avez été élevé par une mère pieuse, au sein d'une famille chré-
« tienne ; vous y avez respiré avec l'air les saintes crédulités du
« foyer ; on vous a mené par la main dans des temples ; on vous a
« montré des images, des mystères, des autels ; on vous a enseigné
« des prières en vous disant : « Dieu est là qui vous écoute et qui
« vous répond » ; vous avez cru, car vous n'aviez pas l'âge d'exa-
« miner. Plus tard, vous avez écarté ces hochets de votre enfance
« pour imaginer un Dieu moins puéril et moins féminin que ce Dieu
« des tabernacles chrétiens. Mais le premier éblouissement est resté
« encore dans vos yeux ; le jour que vous avez cru voir était mêlé,
« à votre insu, du faux jour dont on vous a fasciné en entrant dans
« la vie ; il vous est resté deux faiblesses de l'intelligence : le mys-
« tère et la prière. Il n'y a point de mystère, affirma-t-elle d'une
« voix plus solennelle ; il n'y a que la raison qui dissipe tout mys-
« tère ! C'est l'homme fourbe ou crédule qui a inventé le mystère ;
« c'est Dieu qui a fait la raison. Et il n'y a point de prière, poursuit-
« elle plus tristement ; car dans une loi inflexible, il n'y a rien à
« fléchir, et dans une loi nécessaire il n'y a rien à changer. » (*Raphaël,* XXX.)

En ces jours mêmes où Raphaël et Julie appelaient ainsi le mystère
et la prière *deux faiblesses de l'intelligence,* Raphaël, encore inconnu,
écrivait sa méditation sur L'HOMME, *à lord Byron,* et après avoir
tour à tour admiré la grandeur de l'homme et sondé l'abîme de sa
misère, il s'écriait :

> Ni si haut, ni si bas ! simple enfant de la terre,
> Mon sort est un problème et ma fin un mystère ;
> Je ressemble, Seigneur, au globe de la nuit,
> Qui, dans la route obscure où ton doigt le conduit,
> Réfléchit d'un côté les clartés éternelles,
> Et de l'autre est plongé dans les ombres mortelles.
> L'homme est le point fatal où les deux infinis
> Par la toute-puissance ont été réunis.

> A tout autre degré, moins malheureux peut-être,
> J'eusse été... mais je suis ce que je devais être;
> J'adore sans la voir ta suprême raison.....

En ces mêmes jours, il écrivait sa méditation sur LA PRIÈRE, où, s'étonnant du silence de la nature, qui n'a pas de voix pour louer le Créateur (il était bien loin alors du panthéisme), il disait :

> Mais ce temple est sans voix. Où sont les saints concerts
> D'où s'élèvera l'hymne au roi de l'univers?
> Tout se tait; mon cœur seul parle dans ce silence.
> La voix de l'univers, c'est mon intelligence.
> Sur les rayons du soir, sur les ailes du vent,
> Elle s'élève à Dieu comme un parfum vivant,
> Et donnant un langage à toute créature,
> Prête, pour l'adorer, mon âme à la nature.
> Seul, invoquant ici son regard paternel,
> Je remplis le désert du nom de l'Éternel;
> Et celui qui, du sein de sa gloire infinie,
> Des sphères qu'il ordonne écoute l'harmonie,
> Écoute aussi la voix de mon humble raison,
> Qui contemple sa gloire et murmure son nom.

En ces mêmes jours, adressant sa méditation sur LE GÉNIE, *à M. de Bonald,* il lui exprimait ainsi son enthousiasme :

> Mais quoi! tandis que le génie
> Te ravit si loin de nos yeux,
> Les lâches clameurs de l'envie
> Te suivent jusque dans les cïeux!
> Crois-moi, dédaigne d'en descendre,
> Ne t'abaisse pas pour entendre
> Ces bourdonnements détracteurs.
> Poursuis ta sublime carrière,
> Poursuis : le mépris du vulgaire
> Est l'apanage des grands cœurs.
>
> . . . .
>
> . . . .
>
> Secouant ses antiques rênes,
> Mais par d'autres tyrans flatté,
> Tout meurtri du poids de ses chaînes,
> L'entends-tu crier : *Liberté!*
> Dans ses sacriléges caprices,
> Le vois-tu, donnant à ses vices
> Les noms de toutes les vertus,
> Traîner Socrate aux gémonies,

            Pour faire en des temples impies
            L'apothéose d'Anytus?

De tous les ennemis de Raphaël, aucun n'eût osé imaginer de l'o-
rigine de ces vers ce qu'il en raconte lui-même.

Julie lui avait demandé de composer une ode qu'elle adresserait
en son nom à M. de Bonald : « J'écrivis, dit-il, cette ode en une
« nuit. Je la lus, le matin, sous un châtaignier de la montagne, à
« celle qui me l'avait inspirée. Elle me la fit relire trois fois. Elle la
« copia, le soir, de sa main légère, mais ferme. Ses caractères glis-
« saient comme l'ombre des ailes de ses pensées sur le papier blanc,
« avec la rapidité, l'élégance et la limpidité du vol de l'oiseau dans
« l'air. Le lendemain elle l'envoya à Paris. M. de Bonald lui répon-
« dit des choses de bon augure sur mon talent. Ce fut l'origine de
« mes relations avec cet excellent homme, dont j'admirai et je chéris
« toujours depuis le caractère sans partager les doctrines théocra-
« tiques. Mon adhésion à ses symboles que j'ignorais, n'avait été
« qu'une complaisance à l'amour. » (*Raphaël,* XXXIII.)

Si ce que Raphaël raconte ici, un autre l'eût supposé, Raphaël,
justement blessé, lui eût demandé : Qui vous a donné le droit de
passer ainsi de la critique de mes livres à l'appréciation de mon caractère et, par une conjecture odieuse, de me représenter comme un
malhonnête homme?

La malveillance la plus acharnée et la moins scrupuleuse sur le
choix des moyens, aurait-elle cependant, même assurée de n'être point
démentie, aurait-elle jamais conçu la pensée de dire : Cette méditation du Lac n'est point le souvenir d'un doux échange de paroles
pures et de tendres serments, mais le souvenir d'une double tentative de suicide ! Raphaël et Julie, dans une heure telle que le ciel
même n'en a pas de semblables, Raphaël et Julie sentant que la
terre n'avait rien de plus à leur donner, le ciel rien de plus à leur
promettre, ont voulu mourir ensemble ! Huit fois Raphaël enlaça
autour de son corps et de celui de Julie les cordes d'un filet qui se
trouva sous sa main. Il souleva Julie pour la précipiter avec lui dans
les flots... Mais la sentant s'évanouir dans ses bras par l'excès du bon
heur de mourir ensemble, il eut horreur de l'idée d'abuser de cet éva-
nouissement pour l'entraîner dans le tombeau commun qu'elle avait
demandé... Faiblesse qu'elle lui reprocha amèrement dans son cœur
quand elle fut revenue au sentiment de la réalité ! (*Raphaël,* XXXV.)

On voit ce qu'était en ce temps-là déjà, s'il faut en croire son récit d'aujourd'hui (et je vais m'expliquer tout à l'heure sur le degré de confiance qu'on doit lui accorder), on voit ce qu'était le chrétien. Il me reste à montrer ce qu'était le poëte.

« Elle avait fini, — dit-il en parlant de Julie, et Julie c'est Elvire,
« — elle avait fini par me faire avouer que j'avais écrit quelquefois
« des vers ; mais je ne lui en avais jamais montré. Elle paraissait
« aimer peu, au reste, cette forme artificielle et arrangée du langage
« qui altère, quand elle ne l'idéalise pas, la simplicité du sentiment
« et de l'impression. Sa nature était trop soudaine, trop profonde et
« trop sérieuse pour se prêter à ces formalités, à ces contours et à ces
« lenteurs de la poésie écrite. Elle était la poésie sans lyre.   .   .   .
« .   .   .   .
«   .   .   .   .
« .   .   .   . Ces vers lui parurent seulement l'émanation instantanée
« et isolée du sentiment que j'avais pour elle. Elle les loua, elle ne
« m'en reparla plus. Elle aimait mieux nos entretiens naturels, et
« même nos silences rêveurs l'un près de l'autre, que ces jeux de
« l'esprit qui profanent l'âme plus qu'ils ne l'expriment. » (*Raphaël*, XXXII.)

N'avez-vous point songé, Raphaël, en écrivant ces choses, que vous avez été longtemps, qu'il dépendait de vous de rester toujours le poëte préféré de cette jeune génération qui est née à la même heure que vos premiers vers ? Entre tous les souvenirs de notre jeunesse studieuse, vous nous ravissez cruellement les plus doux. Nous ne pouvons plus admirer, nous ne pouvons plus aimer, nous ne pouvons plus répéter ces chants chrétiens qui ne sont ni d'un chrétien ni d'un poëte. Avez-vous su jamais combien d'amitiés pures s'étaient formées dans un commun enthousiasme pour cette poésie si tendre et si religieuse ? Ces liens que vous avez noués autrefois, sans le savoir et sans les connaître, par un heureux privilége du génie des poëtes, croyez-vous donc avoir aujourd'hui le droit de les rompre ? Les vers qui ont éveillé tant d'échos dans les cœurs n'appartiennent plus au poëte. Et comme il n'a pas la puissance de les reprendre à notre mémoire qui les a recueillis et qui les garde fidèlement, il n'a pas non plus le droit de les flétrir dans leur source, c'est-à-dire dans son propre cœur, d'où ils sont sortis ; car nous n'avons pas fait de nos cœurs des reliquaires de poésie pour y conserver des vers flétris !   .

Souffrez donc que je défende votre poésie contre vous-même et contre vos *Confidences*. Souffrez que je montre, par quelques rapprochements, que ce témoignage que votre nom devrait rendre si considérable est un témoignage sans valeur.

La première garantie de la sincérité d'un homme est assurément dans son caractère. Mais, après cette garantie, il en est d'autres encore qu'on peut lui demander. Et le mérite de celle-là même se prouve par les antécédents... Vous avez raconté successivement deux révolutions qui ont menacé l'existence de votre pays : l'une, dont vous avez connu plusieurs des principaux acteurs et un grand nombre de témoins les mieux placés pour tout voir et tout savoir ; l'autre, dont vous avez été vous-même l'instigateur, le héros et la victime. Un jeune et savant professeur du Collége de France, M. de Loménie, faisant l'histoire de l'éloquence politique dans notre pays, a été obligé de constater que les preuves par vous invoquées à l'appui de vos paradoxes, ne sont plus des preuves ; car vous ne demandez pas aux documents de vous apprendre la vérité historique, vous ne les consultez pas, vous ne ne vous inclinez pas devant leur autorité, mais vous leur imposez la vôtre, vous les corrigez, vous leur faites dire ce qui convient au succès de votre cause, c'est-à-dire à la réhabilitation de Robespierre et de Saint-Just. Les ménagements peut-être excessifs dont M. de Loménie a usé à votre égard, les regrets dont il n'a pu se défendre et qu'il n'a pu cacher entièrement à ses auditeurs en obéissant à sa conscience qui lui commandait de redresser les opinions que vous aviez faussées, de rétablir les textes que vous aviez dénaturés, ne donnent que plus de poids à sa parole. Et d'ailleurs, les faits parlent avec lui et plus haut que lui.

S'il vous arrive de citer ce que votre héros a vraiment dit, vous savez, par la suppression d'un membre de phrase, détourner l'allusion d'un autre côté : « Voulez-vous savoir, demande Robespierre « dans votre livre (t. VIII, p. 196), voulez-vous savoir quels sont les « ambitieux? Examinez quels sont ceux qui protégent les fripons « et qui corrompent la morale publique! » Mais Robespierre avait « dit : Examinez quels sont ceux qui protégent les fripons, *qui encouragent les contre-révolutionnaires, qui excusent tous les attentats, qui méprisent la vertu,* qui corrompent la morale publique! »

Ainsi les paroles que la fureur révolutionnaire inspire à votre héros, vous les attribuez à son amour de la vertu.

Vous lisez dans les *Mémoires* de Garat qu'il alla trouver Robespierre pour sauver avec lui les Girondins, que ne pouvant s'adresser à une générosité vraie, née des affections tendres, il s'adressa du moins à cette générosité qui naît de l'orgueil, qu'il lui *présenta la séduction de cette espèce de triomphe et de grandeur*, et qu'il vit à l'instant que Robespierre, *mettait, lui, son orgueil, son triomphe et sa grandeur à écraser impitoyablement ses ennemis;* qu'ayant voulu le toucher par la peur et par la prévision de l'échafaud qui attendait ceux qui les premiers y auraient fait monter leurs collègues, il vit à l'instant que Robespierre *ne croyait trouver sa sûreté que dans la destruction de tous ceux qui lui inspiraient des craintes :* « Repoussé, « ajoute-t-il, dans toutes mes attaques comme par un mur d'airain : « Est-ce que la Convention souffrira, lui dis-je, qu'ils soient jugés « par ce tribunal, érigé contre toutes leurs réclamations? — *Il est « assez bon pour eux.* — Quel mot[1] ! »

Vous refaites cette entrevue :

« Les Jacobins avaient arraché aux Girondins la tête de Louis XVI ; la démagogie d'Hébert, de Pache, d'Audoin, sommait les Jacobins de donner à la République le gage des trente-deux têtes de leurs collègues. Robespierre céda à regret. Garat, encore ministre de l'intérieur, vint le conjurer de sauver les prisonniers. « Ne m'en parlez « plus, dit Robespierre ; moi-même je ne pourrais pas les sauver. Il y « a des jours en révolution où le crime est de vivre et où il faut sa- « voir donner sa tête quand on vous la demande. Et la mienne aussi, « on me la demandera peut-être , » ajouta-t-il en portant ses deux mains à ses cheveux comme un homme qui saisit un fardeau sur ses épaules pour le jeter à terre, « vous verrez si je la dispute ! » Garat se retira consterné[2]. »

Ainsi, en reproduisant les témoignages écrits, vous en conservez tout juste assez pour faire reconnaître que vous les aviez sous les yeux, et vous changez absolument tout le reste. Vous changez tout, et même la valeur de ces signes typographiques, la seule chose peut-être sur laquelle nous soyons restés d'accord jusqu'à présent, où il

---

[1] MÉMOIRES DE GARAT. *Histoire parlementaire de la révolution française*, t. XVIII, p. 444 et 445.

[2] *Histoire des Girondins*, l. XLVII, § 3, t. VII, p. 9.

vous plaît de vouloir que les guillemets indiquent les pensées et les sentiments du Robespierre de la fantaisie de Raphaël, et non les paroles réellement prononcées par le Robespierre de l'histoire et textuellement extraites des documents historiques et du *Moniteur*.

J'ai moi-même examiné ailleurs [1] votre *Histoire de la Révolution de 1848*. En rappellerai-je ici toutes les inexactitudes ? Je n'en ai ni le loisir, ni l'espace, ni la volonté. Il en est une cependant que je dois signaler encore pour montrer comment vous écrivez l'histoire que vous connaissez le mieux.

Vous racontez que le gouvernement provisoire voulait préparer un plan de constitution sur lequel l'Assemblée constituante n'aurait plus eu qu'à délibérer et à voter. Vous dites que Dupont (de l'Eure), *prévoyant comme l'expérience*, ne cessait de vous conjurer de vous occuper de ce plan de constitution, et vous ajoutez que votre *idée était sur ce sujet conforme à celle de Dupont (de l'Eure)* [2]. Puis, quelques pages plus loin, vous reproduisez, sans altération cette fois, le rapport que vous avez écrit pour Dupont (de l'Eure), parlant à l'Assemblée constituante au nom du gouvernement provisoire dont il était le président, et vous oubliez d'effacer ces lignes : « La présentation « même d'un plan de gouvernement ou d'un projet de constitution « eût été, de notre part, une prolongation téméraire de pouvoir ou « un empiètement sur votre souveraineté. Nous disparaissons dès que « vous êtes debout [3]. »

Cependant lorsque vous écrivez l'histoire publique et l'histoire contemporaine, le contrôle de vos assertions est facile, et vous avez dû le prévoir. Ce que vous n'avez sans doute pas prévu, c'est la vérification de l'exactitude de l'histoire de votre famille, de l'histoire de votre jeunesse et de l'histoire de votre âme. Qui a pu arrêter ici votre fantaisie que rien n'arrête ? Où vous n'avez pas vu de moyens de contrôle, avec quelle liberté aurez-vous improvisé des personnages, des caractères et des événements !

Mais les moyens de contrôler votre exactitude ne manquent pas absolument : l'histoire privée touche par tant de points à l'histoire publique qu'il vous faut bien parfois revenir à celle-ci.

Dante place dans l'enfer et enfonce dans le lac de glace, avant le

---

[1] Journal *l'Assemblée nationale* du 2 septembre 1849.
[2] *Histoire de la Révolution de* 1848, t. II, p. 343.
[3] *Histoire de la Révolution de* 1848, t. II p, 372.

temps de leur mort, trois Génois coupables d'un meurtre horrible.
Leurs corps vivants et animés sur la terre, y sont gouvernés par trois
démons jusqu'à ce que le temps de leur vie soit tout révolu [1]. Vous
avez fait tout l'opposé. Vous avez fait revivre les morts. Pendant les
deux premières années qui ont suivi la Restauration, vous avez vécu
à Paris, au milieu de la société littéraire d'alors, dont vous faites
un tableau auquel personne ne pourra reprocher d'être incomplet,
car on y voit mêlés aux personnages de ce temps-là ceux qui n'é-
taient plus et ceux qui n'étaient pas encore. On y voit M. Victor
Hugo, qui avait treize ans en 1815, à côté de madame Cottin que ses
biographes font mourir le 25 août 1807, c'est-à-dire alors que
M. Victor Hugo était âgé de cinq ans. A cette époque de réaction politique et religieuse, « Chénier, constant dans l'inconstance générale,
« dites-vous, protestait en vers énergiques pour la philosophie et
« pour la liberté. » (*Nouvelles confidences*, liv. IV, xviii.) Chénier
était mort le 10 avril 1811. Et vous-même avez raconté, un peu plus
haut (p. 328), que dans son discours de réception à l'Académie,
Châteaubriand n'a pas refusé quelques phrases adulatrices à Napo-
poléon. Ignorez-vous que Châteaubriand a succédé à Chénier, dont
vous venez de prolonger l'existence jusqu'aux premières années de
la Restauration ? Ignorez-vous que le discours de réception de Châteaubriand n'a point été prononcé, parce que Napoléon l'a trouvé
blessant pour lui et a exigé des retranchements auxquels l'auteur
n'a point consenti ? Si vous ne savez pas ce curieux épisode de l'histoire
générale bien plus que de l'histoire littéraire, demandez, avant d'y
faire allusion, demandez au biographe de M. de Châteaubriand, peu
suspect de partialité pour lui, de vous l'apprendre [2].

Vous racontez, — et vous parlez cette fois du comte de Maistre
dont une publication récente révèle que vous eûtes l'honneur d'être
le correspondant, — vous racontez que « les *Soirées de Saint-Pé-*
« *tersbourg*, premier livre de ce Platon des Alpes, étonnaient les
« hommes de lettres et charmaient les hommes de foi. » — Le premier livre du comte de Maistre est un volume qui a produit dans toute
l'Europe une impression profonde à son apparition en 1795 ; il est
intitulé : *Considérations sur la France*. Est-ce que vous ne le con-

---

[1] *Inferno*, XXXIII.

[2] *Histoire de la vie et des ouvrages de M. de Châteaubriand*, par M. Scipion
Marin, t. II, p. 129 à 133.

naissez pas ? Les *Soirées de Saint-Pétersbourg* sont un livre posthume.
Vous parlez des deux années qui ont suivi la Restauration ; en effet,
le comte de Maistre vivait encore, il n'est mort que le 26 février
1821 et son livre parut en cette même année.

On a, dit-on, observé que dans la jaunisse, quelques individus croient
voir une teinte jaune répandue sur tous les objets qui les environnent.
Vous êtes aujourd'hui affecté de républicanisme et de philosophisme
comme ils sont affectés d'ictère. Soit que vous regardiez à droite ou
à gauche, à côté de vous ou loin de vous, en avant ou en arrière,
vous ne voyez partout que des républicains et des philosophes. Il y
avait à Athènes un malade que votre illusion me rappelle, qui allait
chaque jour se promener sur le port, qui visitait tous les vaisseaux,
qui inventoriait leur chargement, qui calculait la valeur de toutes ces
richesses, qui supputait les bénéfices probables, s'imaginant que tout
cela lui appartenait... Votre illusion, plus généreuse que la sienne,
lui ressemble cependant beaucoup : dès que vous apercevez une
créature intelligente, homme ou femme, vous vous écriez : Voilà un
républicain ! voici une femme *qui sait penser*, comme cette *bonne
mère* pour laquelle Jean-Jacques Rousseau écrivit son *Emile !* Cet esprit appartient à mes doctrines, ce cœur à mes principes politiques,
humanitaires, sociaux, cette âme à ma religion qui est un christianisme débarrassé des *aberrations de l'ascétisme monacal* et de *toutes
ses vétustés populaires*[1]. Partout où je porte mes regards, partout des

----

[1] Raphaël fait l'exposition de sa doctrine religieuse, sous forme de critique du
Génie du christianisme. Le morceau mérite d'être reproduit :

« Un philosophe pieux avait une œuvre belle et sainte à faire sur un pareil plan.
« La philosophie religieuse et lumineuse s'était avancée de siècle en siècle ; en pé-
« nétrant rayon par rayon dans les ombres des temples, elle avait fait pâlir les
« superstitions, évaporer les idoles, et mis plus de jour, plus de raison et, par
« conséquent, plus de divinité sur les autels. Une philosophie impie, cynique, ma-
« térialiste, s'était mêlée dans les derniers temps à l'œuvre, et l'avait viciée et
« pervertie en s'y mêlant. Remonter aux sources du christianisme, épurer les
« cœurs, montrer aux hommes de notre temps ce que Dieu avait mis de sainteté,
« de vertu et d'efficacité dans les doctrines et dans les institutions du christianisme ;
« ce que l'ignorance, la force, la fraude et la barbarie y avaient mis de superstitions,
« d'idolâtrie, de vice et de corruption ; rendre à Dieu ce qui était de Dieu, aux hom-
« mes ce qui était des hommes, au passé ce qui doit mourir avec lui, à l'avenir ce
« qui doit durer et vivifier l'âme humaine en lui faisant respirer une plus pure idée
« de la divinité, et en imprégnant les cultes, la législation, la politique, toutes les
« œuvres sociales, d'une plus parfaite sainteté, c'était là l'œuvre d'une grande rai-
« son, d'une grande imagination et d'une grande piété, remuant d'une main respec-
« tueuse, mais libre, les ruines du sanctuaire ancien pour relever le sanctuaire

républicains ! partout des philosophes ! L'avenir est à la république !
l'avenir est à *la raison qui dissipe tout mystère !* l'avenir est à moi !

Cette illusion doit avoir sa douceur : philosophe et républicain,
vous devez vous féliciter de ne voir sur la terre que des républicains et des philosophes. Mais cet enchantement a bien aussi quelques inconvénients chez un homme qui a fait de l'histoire, qui aspire
à en faire encore et qui en écrit. S'il écrit, il raconte une révolution
comme un aveugle pourrait raconter une aurore boréale : il a assisté,
mais il n'a pas vu. L'aveugle peut trouver lui-même quelque charme
à son récit, mais son auditeur y voudrait un peu plus de variété et
de vérité. L'autre aveugle, celui qui fait de l'histoire et qui en écrit,
ne réussit pas mieux dans l'action que dans le récit : comme il prête
au peuple sur lequel il opère un caractère, des idées, des sentiments, des principes selon sa fantaisie, il lui donne aussi des institutions et des constitutions selon cette fantaisie souveraine ; tout est
à l'avenant... il n'y a que le peuple lui-même qui trouble cette belle
harmonie et qui, par l'effet de sa constitution naturelle, résiste à la
constitution que l'homme d'État lui a imposée.

Vous voulez, dans ce récit de vos jeunes années, rétablir l'unité
rompue de votre vie. Mais l'unité rompue de la vie ne se rétablit pas.
S'il y a deux époques absolument différentes dans l'histoire de notre
âme, un heureux retour aux principes de notre jeunesse, une abné-
gation courageuse des erreurs qui depuis nous ont séduits et entraî-
nés, réparera tout, tout, excepté l'unité rompue de notre vie. Ces
jours qui nous avaient été donnés, nous en avons disposé librement ;
les pensées et les soins auxquels nous les avons consacrés, en ont

« nouveau. M. de Châteaubriand était doué d'une assez haute raison pour l'en-
« treprendre, et d'un assez grand génie pour l'accomplir. Le christianisme aurait
« eu son Montesquieu avec la poésie de plus.

« Au lieu de cette œuvre, M. de Châteaubriand avait fait dans son livre, comme
• *Ovide*, les *Fastes de la religion*. Il avait exhumé, non le génie, mais la mythologie
« et le cérémonial du christianisme. Il avait chanté sans choix et sans critique ses
« dogmes et ses superstitions, sa foi et ses crédulités, ses vertus et ses vices ; il
« avait fait le poëme de toutes ses vétustés populaires et de toutes ses institutions
« déchues ; depuis la domination politique des consciences par le glaive jusqu'aux
« richesses temporelles de l'Église, depuis les aberrations de l'ascétisme monacal
« jusqu'à ses ignorances béatifiées, et jusqu'aux fraudes pieuses des prodiges po-
« pulaires inventés par le zèle et perpétués par la routine du clergé rural pour sé-
« duire l'imagination au lieu de sanctifier l'esprit des peuples, M. de Châteaubriand
• avait tout divinisé. Son livre était le *reliquaire* de la crédulité humaine. » *Nouvelles Confidences*, liv. IV, § VII et VIII.

fixé le caractère : mais ils sont tombés maintenant dans l'abîme du passé auquel Dieu lui-même n'a jamais redemandé rien.

Vous voulez reprendre au passé les opinions, les sentiments, les croyances de votre jeunesse et lui faire accepter en échange vos théories, vos passions et vos doutes d'aujourd'hui. Ne l'espérez pas ! Tout vous sera obstacle dans cette entreprise, et vous-même avant tout le reste. Avez-vous fait disparaître du recueil de vos œuvres les *Méditations poétiques* et le *Chant du sacre?* Un poëte éprouve toujours pour les premiers-nés de ses vers, auxquels il a dû les premiers applaudissements qui aient caressé son oreille et chatouillé sa vanité, quelque chose de la préférence secrète d'un père pour son premier enfant, et les philosophes sont un peu poëtes de ce côté-là. M. Victor Hugo publie le plus fréquemment qu'il peut de nouvelles éditions de ses *Odes* monarchiques et chrétiennes, et ce n'est pas la faute de M. de La Mennais si l'on ne réimprime pas encore plus souvent l'*Essai sur l'indifférence en matière de religion,* et même sa traduction de l'*Imitation de Jésus-Christ* et les pieuses réflexions qui accompagnent chaque chapitre.

Je ne sais pas ce qu'y gagne votre vanité, mais je sais bien ce qu'y perd votre gloire. Si la cause que vous servez aujourd'hui, ô poëtes ! ô philosophes ! est grande, noble et sainte, comme vous le dites, pourquoi donc continuez-vous encore, en le reproduisant sans cesse et dans tous les formats, ce plaidoyer pour ce que vous nommez maintenant la tyrannie et la superstition ! Hommes de peu de foi, qui vous appelez vous-mêmes les apôtres de la régénération sociale, et qui ne lui êtes pas dévoués jusqu'à renoncer entièrement à être encore par la propagation de vos premières œuvres les apôtres des doctrines opposées !

Vous avez ôté à votre égarement sa seule excuse, et vous n'êtes pas même des fanatiques !

Comment, Raphaël, comment rétabliriez-vous l'unité rompue de votre vie, comment pourriez-vous mettre l'homme que vous étiez autrefois d'accord avec l'homme que vous êtes aujourd'hui, quand vous ne savez pas, — chose plus nécessaire, — mettre celui-ci d'accord avec lui-même, quand vous ne savez pas immoler quelques vers à la république à laquelle Brutus immolait ses fils !

Mais vous avez peut être acquis le droit de ne rien sacrifier à la république ni à la philosophie : n'est-ce pas assez d'avoir immolé courageusement votre famille à l'assimilation que vous aviez entreprise de votre passé à votre présent? Vous êtes philosophe et républicain, et pour ne pas avouer que l'erreur, c'est-à-dire la foi religieuse, et une autre opinion politique, aient eu jamais quelque prise sur votre esprit, vous prétendez avoir été de tout temps républicain et philosophe. Et pour qu'on n'espère point trouver en vous d'autres sentiments, même à cet âge où l'on est toujours du parti de sa famille et de la foi de sa mère, vous dites : Ma famille était de cette partie de la noblesse « qui recevait de plus haut et qui propageait « avec le plus d'ardeur les idées de transformation politique. » (*Confidences,* liv. II, § II.) Mon oncle « était de cette vaste et presque « universelle opposition, sous les dernières années de la monarchie, « qui présageait, en pensant la modérer, une révolution certaine. Il « ne désirait pas sans doute un bouleversement, mais un redresse- « ment de toutes choses dans l'État. Cependant, il était au fond plus « républicain qu'il ne le croyait lui-même ; car son esprit éminem- « ment critique et réformateur, et son caractère fier et absolu, s'ac- « commodaient également mal de toutes les supériorités instituées. » (*Nouvelles Confidences,* liv. Ier, § XVIII.) Les philosophes du temps vivaient dans la société de ma grand-mère. « Elle avait eu surtout « des relations avec le plus immortel d'entre eux, Jean-Jacques Rous- « seau. Ma mère, quoique très-pieuse et très-étroitement attachée « au dogme catholique, avait conservé une tendre admiration pour « ce grand homme, sans doute parce qu'il avait plus qu'un génie, « parce qu'il avait une âme. Elle n'était pas de la religion de son gé- « nie, mais elle était de la religion de son cœur. » (*Confidences,* liv. Ier, § VII.)

Est-ce que votre mère vous a fermé ses bras? Est-ce qu'elle vous a refusé son amour, ses caresses et ses soins? Est-ce que vos premiers cris , ces cris si faibles et tout à la fois si puissants qui feraient battre d'un mouvement maternel le cœur d'une étrangère, n'ont pas remué délicieusement le cœur de votre mère? Est-ce qu'elle a été dénaturée à ce point de vous éloigner d'elle à l'heure de votre naissance et de ne vous revoir jamais? Est-ce qu'elle vous a fait jeter à l'hospice? Car voilà ce qu'a inspiré à Jean-Jacques Rousseau la religion de son cœur !

Votre mère n'a jamais recherché l'éclat ni la célébrité. Enfermée dans sa retraite de Milly, entourée des six enfants qu'elle avait mis

au monde, qu'elle avait nourris de son lait et de sa parole, qu'elle
fortifiait de ses exemples, elle a répandu et elle a laissé après elle
sur la terre la bonne odeur de ses vertus. La gloire a ses caprices :
elle échappe à qui la cherche, elle s'attache à qui la fuit. Votre mère
s'est toujours complue dans l'obscurité de sa position, et aucun nom
en ce siècle où tant de femmes sont arrivées à la célébrité, aucun
nom ne rayonne autant que le sien de cette douce gloire d'avoir été
la femme forte selon l'Écriture.

J'aime à rappeler que la gloire de son fils a devancé la sienne, et
lui a frayé le chemin dans la mémoire des hommes. Ce titre de mère
du poëte fixa les regards du monde sur sa vieillesse. Le caractère
tendre et religieux de vos premières poésies semblait le reflet d'une
éducation chrétienne et tendre qu'une mère seule avait pu donner.
Mais vous ne fûtes pas seulement par votre gloire l'auxiliaire de la
sienne, vous en fûtes encore pour une part le pieux artisan. La
mère du poëte que nous aimons n'est pas une étrangère pour nous,
et c'est vous qui nous avez appris à bénir sa mémoire[1].

Au lieu de dire aujourd'hui à celui qui a frappé vos *Confidences*
d'une condamnation si sévère et si méritée : *Vous êtes un indiscret!* il fallait apprendre de lui comment on peut allier le respect
pour la vérité avec le respect pour ceux de qui on a reçu deux fois la

---

[1]

Là dorment soixante ans d'une seule pensée,
D'une vie à bien faire uniquement passée,
D'innocence, d'amour, d'espoir, de pureté,
Tant d'aspirations vers son Dieu répétées,
Tant de foi dans la mort, tant de vertus jetées
    En gage à l'immortalité !

Tant de nuits sans sommeil pour veiller la souffrance,
Tant de pain retranché pour nourrir l'indigence,
Tant de pleurs toujours prêts à s'unir à des pleurs,
Tant de soupirs brûlants vers une autre patrie,
Et tant de patience à porter une vie
    Dont la couronne était ailleurs !

. . . .

. . . .

. . . .

Heureux l'homme à qui Dieu donne une sainte mère,
En vain la vie est dure et la mort est amère,
    Qui peut douter sur son tombeau !

                Liv. III, Septième Harmonie.
                    Le tombeau d'une mère.

vie. Vous êtes philosophe, votre mère était chrétienne. Il est chrétien, son père ne connaissait point Dieu. Ne croyez pas cependant
qu'il dise : « Mon père avait les sentiments et les idées que j'ai, »
comme vous dites : « Ma mère était de la religion du cœur de Jean-
Jacques Rousseau... » Écoutez-le raconter la mort de son père :

« C'était dans une demeure affligée, au milieu d'une nuit d'hiver.
Pendant que les pluvieuses tempêtes de mars gémissaient au dehors,
moi, avec ma famille en larmes, je priais pour mon père agonisant.
Hélas ! cet homme, dont toute la vie n'avait été qu'un effort de courage, cet homme d'une probité sans ombre et d'un dévouement toujours plus grand que ses devoirs, il s'était trouvé faible devant la
mort. Il avait bien su travailler, souffrir, se dévouer aux plus pauvres que lui, se dévouer à ses enfants, se dévouer à l'honneur. Son
digne cœur le lui avait appris ; mais personne, personne au monde,
ne lui avait appris assez tôt qu'il y eût dans le ciel un Dieu pour ré-
compenser tant de labeurs, et que s'endormir dans le sein de ce
Dieu clément, c'est revivre pour l'éternité. Une société sans entrailles
pour le pauvre peuple, et sans intelligence pour tout ce qui s'élève
au-dessus des plus grossiers intérêts d'une abjecte vie, avait écarté
de lui, dès sa naissance, les dépositaires de la parole sainte ; elle l'a-
vait laissé croître, comme tant d'autres, dans l'ignorance de son âme,
de son Dieu ; et stupidement indifférente sous la garde des bour-
reaux qui la protégent, ne s'était point mise en peine s'il deviendrait
un honnête homme, ou si les passions en feraient un forcené contre
lequel il faudrait déchaîner bientôt les machines brutales qu'on appelle encore des juges et des lois. Il était resté vertueux, et ses enfants n'en doivent rendre grâce qu'à son baptême ; il avait résisté,
dans sa droite ignorance, à toutes les misères, à toutes les tenta-
tions, à tous les exemples infâmes dont on le pressait, dont on l'ac-
cablait, dont il fut la victime souvent. Sans se plaindre, sans accu-
ser le sort ni personne, sans envier la prospérité des fripons qui
triomphent impunis de toutes parts, sans être fier de sa probité qu'il
ne savait point si méritoire, et de son courage dont il ignorait la
grandeur, toujours bon, secourable, tendre, il avait traversé presque autant de jours mauvais qu'il avait vécu de jours. Mais, comme
il ne s'était plaint de rien, il n'avait aussi rien espéré. Ses regards
ne voyaient au ciel qu'un espace vide, et dans l'existence qu'une
chaîne à porter péniblement ; n'ayant d'autre bonheur que d'en allé-
ger le poids, par un surcroît de fatigue pour lui-même, à sa compa-
gne dévouée et à quatre pauvres enfants qui marchaient autour

d'eux. O mon vénéré père ! Dieu sait tout ; il vous a connu : je ne désespère point. Mais est-ce assez d'avoir une conscience tranquille, quand l'agonie s'avance enfin avec toutes ses douleurs, quand tout secours mortel est impuissant à rassurer la nature épouvantée, quand le messager de paix et d'espérance, le prêtre, ce gardien des portes du ciel, n'est pour les yeux du moribond, prévenu par cent mille mensonges abominables, que le héraut détesté qui précède l'inévitable mort ? Oh ! non, ce n'est pas assez, Seigneur ! il faut encore vous aimer et savoir que c'est à vous que l'on va ; et malgré ses longues vertus, malgré ses enfants réunis autour de son chevet, et qu'il laissait dans une voie plus heureuse, mon infortuné père, qui ne le savait point, souffrit presque sans consolation toutes les angoisses du trépas. Ce fut alors que, dans mon affliction, je tressaillis de colère, en me rappelant cette morte de Foligno dont le visage gardait la douce empreinte de l'espérance qui avait charmé ses derniers moments.

« Ainsi serait mort mon père s'il avait connu Dieu, si les chefs de la société dans laquelle il a vécu lui avaient donné ce qu'elle doit, par tous les moyens, s'efforcer de donner à tout homme venant au monde : la connaissance de Dieu. Ah ! vous faites bruit de vos mensonges ; vous vous vantez des progrès que la civilisation accomplit sous votre souffle, de l'état meilleur où vous appelez le peuple remis à vos soins !... Mais moi, je vous demande ce que vous avez fait de ces institutions sublimes qui le protégeaient sans cesse, qui le consolaient partout, qui le forçaient, en quelque sorte, à connaître Dieu ; je vous demande ce que vous avez fait de cette foi chrétienne qui formait l'espérance de toute sa vie, qui garantissait la paix de sa dernière heure ? Oui, voilà ce que je vous demande, et bien d'autres vous le demanderont ; et bien des fils éplorés vous ajournent dès à présent au tribunal de Dieu pour y rendre compte de leurs larmes, et du sang de Jésus-Christ par votre faute inutilement versé [1] ! »

Dites, Raphaël, le chrétien n'est-il pas ici à la hauteur du fils ? le fils n'est-il pas ici à la hauteur du chrétien ? C'est une fausse piété filiale que celle qui peut nous inspirer une altération trop profonde des traits d'un père ou d'une mère, quand nous voulons reproduire leur chère image. Ce qu'il faut à notre cœur, c'est un portrait, et un portrait dans la composition duquel la fantaisie a trop de part, n'est plus un portrait. En louant votre mère d'avoir été de la religion du cœur de Jean-Jacques-Rousseau, ce n'est plus votre mère que vous

---

[1] M. Louis Veuillot. *Rome et Lorette*, XL, Spolette et Foligno.

avez louée, mais un personnage imaginaire dont la place était marquée dans *Geneviève* ou dans *le Tailleur de pierres de Saint-Point.*

Il faut bien cependant que la vérité se fasse jour par quelque endroit. Bien des aveux vous ont échappé que je ne puis pas reproduire ici. Mais il est une page de vos *Confidences* où vous louez votre mère comme vous l'auriez pu faire il y a trente ans, et j'aime à la transcrire pour me dédommager moi-même de ce que j'ai déjà dit et de ce qui me reste à dire encore :

« Sa piété, qui découlait de chacune de ses inspirations, de chacun
« de ses actes, de chacun de ses gestes, nous enveloppait, pour ainsi
« dire, d'une atmosphère du ciel ici-bas. Nous croyions que Dieu
« était derrière elle et que nous allions l'entendre et le voir, comme
« elle semblait elle-même l'entendre et le voir et converser avec lui
« à chaque impression du jour. Dieu était pour nous comme l'un
« d'entre nous. Il était né en nous avec nos premières et nos plus in-
« définissables impressions. Nous ne nous souvenions pas de ne l'a-
« voir pas connu; il n'y avait pas un premier jour où on nous avait
« parlé de lui. Nous l'avions toujours vu en tiers entre notre mère et
« nous. Son nom avait été sur nos lèvres avec le lait maternel ; nous
« avions appris à parler en le balbutiant. A mesure que nous avions
« grandi, les actes qui le rendent présent et même sensible à l'âme
« s'étaient accomplis vingt fois par jour sous nos yeux. Le matin, le
« soir, avant, après nos repas, on nous avait fait faire de courtes
« prières. Les genoux de notre mère avaient été longtemps notre
« autel familier..... » (*Confidences*, liv. IV. § X.)

Que disiez-vous donc, quelques pages plus haut, que votre mère
« avait puisé ses idées sur l'éducation d'abord dans son âme, et puis
« dans Jean-Jacques Rousseau et dans Bernardin de Saint-Pierre, ces
« deux philosophes des femmes, parce qu'ils sont les philosophes du
« sentiment ?..... » Qu'ajoutiez-vous encore que l'éducation que vous
avez reçue « était une éducation philosophique de seconde main, une
« éducation philosophique corrigée et attendrie par la maternité? »
(Même livre, § VIII.)

C'est l'éducation, dit-on, qui fait l'homme... C'est l'éducation,
sans doute, qui le dispose à être plus tard supérieur ou médiocre,
courageux ou faible, grand ou misérable. Mais l'éducation n'a point
d'effets nécessaires. Si elle a été mauvaise, funeste, nous pouvons
toujours nous relever de l'état où elle a laissé notre âme. Si, au con-

traire, elle nous a préparés à l'accomplissement de destinées glorieuses, — et à quelque objet que vous appliquiez ce beau nom de la gloire, ce que je dis est également vrai, — nous pouvons, hélas ! toujours retomber de cette situation où l'éducation avait élevé notre âme. L'éducation nous laisse notre liberté tout entière pour le bien et pour le mal, notre liberté sans laquelle la vie que nous traînons ici-bas n'a plus de but. Quand le résultat en est infailliblement assuré, peut-on encore continuer l'épreuve ?

Pourquoi dénaturer le caractère de l'éducation qui vous fut donnée ? Ne pouvez-vous pas, étant ce que vous êtes aujourd'hui, avoir été ce que vous étiez en sortant des mains de votre mère ? Vous n'êtes pas obligé d'expliquer ce qui peut paraître inexplicable. Dites seulement la vérité tout entière, et l'enchaînement naturel des causes et des effets se fera voir, à moins toutefois qu'il y ait là quelqu'un de ces mystères du cœur humain que l'homme ne peut pas sonder, car l'homme est inconnu à lui-même.

Le livre que je viens déjà de citer va vous montrer comment un homme sincère raconte l'éducation qu'il a reçue, encore qu'elle se trouve en contradiction avec les principes qu'il a suivis depuis :

« Mon père et ma mère se conduisaient d'après les règles d'une probité rigide ; ils élevaient à la sueur de leur front quatre enfants, car après les deux garçons étaient venues deux filles ; ils travaillaient sans cesse ; pas de fête, pas de repos, pas de nuit, en quelque façon pour eux. Ils ne cessaient de travailler que quand l'excès des fatigues et des privations amenaient une maladie : ils nourrissaient de leur sang et de leurs jours cette nombreuse famille qui avait toujours faim ; ils venaient, avec une générosité sublime, au secours de leurs parents, encore plus misérables qu'eux.

« Hélas ! ils remplissaient de la religion tous les devoirs, moins ceux qui consolent et qui font espérer ! En nous épargnant tout ce qu'ils pouvaient nous sauver de leurs souffrances, ils ne savaient que nous dire : « Habituez-vous à la peine, vous en aurez ! » Et pas un mot de Dieu. Je le dis à la honte de mon temps, non à la leur : ils ne connaissaient pas Dieu. Enfants tous deux à l'époque où l'on massacrait les prêtres, ils n'en avaient point trouvé dans leurs villages pour les élever, et tout ce qu'en vieillissant ils avaient entendu dire aux plus habiles qu'eux, de l'Église et des ministres de la religion, leur en inspirait l'horreur. Seulement, ma mère, par un reste des traditions de sa mère, voulait que j'allasse le dimanche à la messe, où elle venait elle-même aux grandes fêtes, et m'avait appris quelques bribes de l'*Ave Maria*, que je récitais le soir au pied de mon lit.

« Partageant le sort des enfants du pauvre dans ce qu'il a de plus mauvais, je n'eus point le bonheur d'aller à l'école des Frères. Ma mère nourrissait contre ces bons religieux les préventions que l'on répand dans le peuple, aveuglé et trahi jusqu'à ne plus comprendre la charité. D'ailleurs, le conseil municipal du lieu que nous habitions, avait, dans l'idiotisme de sa tyrannie subalterne, pris des mesures pour que les Frères n'y vinssent pas faire concurrence à l'école mutuelle, qu'il protégeait. Je fus donc jeté dans cette infâme école mutuelle; et il fallait tous les mois deux journées de travail de mon pauvre père, (je n'y pense que la sueur au front, mon père en est mort à la peine!) il fallait deux journées de ce travail sacré pour payer les leçons de corruption que je recevais de mes camarades, et d'un maître qui était ivre les trois-quarts du temps [1]. »

Et il continue, et il raconte que portant des romans pour le compte de son maître qui joignait à l'industrie de son enseignement l'industrie d'un abonnement de lecture, il dévorait en route ces chefs-d'œuvre de bon goût, de décence et d'honnêteté qu'a écrits M. Paul de Kock. Il est chrétien, et il avoue qu'il fut un enfant impie, sacrilége même. Vous êtes philosophe, et vous vous efforcez d'oublier et de faire oublier au monde entier que vous fûtes chrétien. Lequel de vous deux, Raphaël, est le plus sûr d'avoir sagement agi en abandonnant la route à l'entrée de laquelle l'avait placé la prudence ou l'aveuglement de sa famille? Entre sa conduite et la vôtre la contradiction n'est qu'apparente, et le même sentiment intime qui le force à parler pour rendre témoignage à la vérité, vous pousse à parler pour jeter vos récits sur la vérité comme des voiles qui la cachent entièrement.

Si au moins ces récits étaient des contes innocents d'ailleurs! Mais convient-il, surtout à l'âge où vous voilà parvenu et dans les liens où vous êtes engagé, que vous fassiez au public cette longue confidence de l'inconstance de votre cœur!... Toutes ces femmes vous ont aimé, vous l'assurez, et il ne me plaît pas de le contester; mais que nous importe?

Ce qui nous importait, c'était de conserver pure devant nos yeux l'image de cette Elvire dont le nom est écrit aux pages les plus reli-

____
[1] **M. Louis Veuillot**, *Rome et Lorette*, Introduction.

gieuses de vos *Méditations*. Et vous nous dites qu'elle a voulu mourir
avec vous dans ce lac que depuis vous avez chanté ! Et vous nous
exposez complaisamment son scepticisme ! Et vous nous mettez sous
les yeux une lettre qu'elle vous aurait écrite de son lit de mort, et
où après vous avoir annoncé sa conversion, elle ajoute, cette femme
dont l'amour pour vous était un crime, car elle appartenait à un autre : « Hier, j'ai appelé un saint prêtre dont Alain m'avait parlé.
« C'est un vieillard qui sait tout, qui pardonne tout !... Je lui ai dé-
« couvert mon âme, il y a répandu la lumière et la vie de Dieu !...
« Oh ! qu'il est bon ce Dieu ! qu'il est indulgent ! qu'il est plein de
« mansuétude ! que nous le connaissions peu ! Il permet que je vous
« aime ! que vous soyez mon frère ! que je sois votre sœur ici-bas,
« si je vis ; là-haut, votre ange, si je meurs !... O ! Raphaël ! aimons-
« le, puisqu'il veut que nous nous aimions comme nous nous ai-
« mons !... » (*Raphaël,* CII.)

Laissez-moi, pour compléter ce contraste de deux confessions publiques, l'une faite par un philosophe, l'autre par un chrétien, laissez-
moi mettre encore sous vos yeux un langage bien opposé au vôtre et
à celui d'Elvire :

« Dès votre premier âge on vous fit connaître la loi de Dieu,
on vous la fit aimer, et vous l'aimâtes !... Ne le niez point, car
vous-même, souvent, me l'avez dit, quand nous ne pensions
pas que, l'adorant un jour, cette loi divine, je vous rappel-
lerais tout ce qu'en la méconnaissant vous avez perdu. Quel souvenir ! Cent fois vous m'avez peint, comme vous le savez faire,
avec ce talent d'artiste qui ne pouvait, hélas ! me tromper, les
joies de votre innocence et de votre foi, les ravissements de la prière,
les larmes d'un heureux repentir, les candides transports de la table
mystique, où vous n'avez pas seulement paru durant votre enfance,
mais encore plus tard, avec les lumières du cœur et de la raison.
Vous me disiez toutes ces choses ; elles étaient de la veille et vous ne
pleuriez point ! — Lamentable victime des sens et de la vanité ! Jusqu'à ce moment n'ai-je donc pas su combien vous êtes coupable, ni
combien vous êtes à plaindre ! Est-ce de cet instant que je vois quelles
menaces terribles et quelle punition déjà formidable pèsent sur vous ?
Tenez, je ne puis m'en tenir ! Vous affrontez trop de vengeances, il
faut que je vous éclaire : vous vous donnez au monde, vous lui sa-
crifiez tout, et pourvu que vous y trouviez quelques âmes à dominer,

cela vous suffit ; eh bien ! qu'avez-vous plus dominé que moi ? Eh bien !
non-seulement je ne vous aimais guère, non-seulement je ne vous esti-
mais point, mais cent fois vous m'avez fait horreur. Je ne dis pas
depuis que je me souviens ; non ! je dis du temps même, du temps
détestable où vous pétrissiez comme une cire obéissante mes volontés
et mes résolutions, du temps où je vous élevais contre Dieu, du
temps où je ne vivais que pour vous ; c'est en ce temps-là que vous
me faisiez horreur, et j'aurais cherché la mort de quiconque m'aurait dit à demi ce que je pensais de vous, ce que j'en disais moi-
même tout haut ; car je ne pouvais me délivrer et je ne pouvais me
taire ; et je proclamais partout le supplice des liens que je pensais ne
pouvoir briser sans mourir. Ah ! justice de mon Dieu ! justice ven-
geresse et salutaire , que j'ai souffert et que j'ai haï, durant cet im-
placable succès de mes plans de bonheur ! Quelles malédictions dé-
sespérées ! Quels sombres rêves ! Combien ai-je souhaité de voir
anéantir tout ce forfait dont je ne pouvais me défendre ! Et c'est de
la sorte que vous régnez, complices de l'enfer ; c'est là votre pouvoir sur les âmes que vous perdez, et la place glorieuse que vous y
laisse le démon. Vous imaginez que l'on vous aime !... Non ! l'on se
relève de vous obéir en vous haïssant ; et l'on vous traite par avance
comme on fera, le jour où l'on sait que, le charme étant détruit, enfin l'on ne vous obéira plus. Sous votre joug funeste, savez-vous ce
que j'aimais incomparablement dans mon âme , avec encore plus de
respect que vous ne m'inspiriez de frénésie ? C'était la chaste image
de vos vertus passées : cette âme limpide et ce cœur pieux, et ces
désirs célestes, et cette suave majesté de l'innocence, dont plus rien
ne paraissait en vous. Mais vous n'avez donc pas vu que toujours je vous
amenais là, toujours je voulais vous en faire parler ; je vous écoutais
avec un ravissement stupide, je vous étudiais comme le mystère de
la lyre qui rend d'augustes accords sous les doigts d'un misérable
pris de vin. Tranquille, vous poursuiviez ces récits qui me boule-
versaient, et je me demandais, moi, par quel prodige vous pouviez
inventer de telles choses, et par quel autre prodige, étant ce que je
voyais, vous osiez bien les raconter. Mais vous n'inventiez point ;
mais tout le prodige était que le mal avait détruit en vous jusqu'au
sentiment de votre splendeur perdue et jusqu'à la conscience de votre
abjection.

« Vous souriez peut-être ; regardant tout ce qui se courbe à vos
pieds, vous ne pouvez trouver que vous ayez tant descendu. Je vous
dis, moi, d'y prendre garde ! Je vous dis que vous êtes au plus bas
des punitions que Dieu fait subir à la créature humaine, et que si le

ciel est encore ouvert sur votre tête, puisque vous vivez, il n'y a plus
cependant sous vos pieds que l'abîme éternel [1]. »

Il n'y a rien de plus beau sur la terre, après l'innocence, que ce
mépris généreux de nos fautes, qui tire le bien du mal même, qui
greffe nos vertus sur nos crimes comme, pour faire produire à une
branche des fruits plus abondants et plus doux, on la greffe sur un
arbre sauvage.

Mais un récit calme et tranquille de nos fautes, où notre âme ne
se manifeste que par un reste d'enthousiasme pour les objets dis-
parus des passions que nous racontons ou par notre enthousiasme
pour nous-mêmes, une confession publique où pas un mot n'est inspiré par la honte ou par le repentir, n'est pas une expiation, c'est
une aggravation du crime; ce n'est pas une réparation du scandale,
c'est un scandale nouveau [2] ; ce n'est pas un enseignement d'autrui

---

[1] M. Louis Veuillot. *Rome et Lorette*, XLIX, rêvé à Venise.

[2] Parlerai-je de la sacrilége application que fait Raphaël à un amour humain et
à un amour adultère, du mot consacré à exprimer le culte que nous rendons à
Dieu et du nom même de Dieu et de la pensée de Dieu ? On sait que dans nos
auteurs contemporains les amants *s'adorent*; mais le choix de l'expression n'est
pas toujours si juste, qu'on ne puisse supposer qu'ils ont cru à la synonymie de
l'adoration et de l'amour. Raphaël donne à son *adoration* de Julie et à *l'adoration*
que Julie lui rend, un commentaire qui ne permet plus aucun doute :

« Quel bonheur ! les vils désirs de la passion sensuelle s'étaient anéantis (puis-
« qu'elle l'avait voulu) dans la pleine possession de l'âme de l'un par l'autre. Le
« bonheur me rendait, comme il fait toujours, meilleur et plus pieux que je l'eusse
« jamais été. Dieu et elle se confondaient si complètement dans mon âme, que
« l'adoration où je vivais d'elle devenait aussi une perpétuelle adoration de l'Être
« divin qui l'avait créée. Je n'étais qu'un hymne et il n'y avait pas deux noms
« dans mon hymne, car Dieu, c'était elle, et elle, c'était Dieu ! » (*Raphaël*, XXX.)

Julie lui dit à son tour :

« Je l'ai vu, je l'ai senti, je l'ai compris en ce moment pour mon bonheur !
« Raphaël ! ce n'est plus vous que j'aime ! ce n'est plus moi que vous aimez ! c'est
« Dieu que nous adorons désormais l'un et l'autre ! Vous à travers moi ! moi à
« travers vous ! vous et moi à travers ces larmes de béatitude qui nous révèlent
« et qui nous cachent à la fois l'immortel foyer de nos cœurs ! Périssent, ajouta-
« t-elle avec plus d'ardeur de regard et d'accent, périssent les vains noms que
« nous avons jusqu'ici donnés à nos entraînements l'un vers l'autre. Il n'y en a plus
« qu'un qui l'exprime : c'est celui qui vient enfin de se révéler à moi dans vos
« yeux ! Dieu ! Dieu ! Dieu ! s'écria-t-elle de nouveau, comme si elle eût voulu
« s'apprendre à elle-même une langue nouvelle ! Dieu, c'est toi ! Dieu, c'est moi
« pour toi ! Dieu, c'est nous ! et désormais le sentiment qui nous oppressait l'un
« pour l'autre ne sera plus pour nous de l'amour, mais une sainte et délicieuse

par l'exemple de nos chutes et de nos heureux efforts pour nous relever, c'est une prédication du vice d'autant plus puissante que nos
détestables erreurs y sont sans cesse confirmées par la pratique de
notre vie.

Les Confidences, Raphaël, les Nouvelles Confidences, sont l'apologie
et la prédication du suicide, de l'adultère et d'un autre crime plus
horrible que je ne veux pas nommer avant de préciser la portée de
mon accusation et de citer les paroles de l'autobiographe qui la jus-
tifient.

J'ai déjà raconté la double tentative de suicide qui a inspiré LE LAC.
La pensée de cette mort commune et volontaire est venue à Elvire.
Raphaël pouvait-il la repousser et la combattre?... Dès l'âge le plus
tendre, il s'était familiarisé avec l'idée de chercher dans la mort un
refuge contre le désespoir. La vue de ses camarades de collége l'a-
vait dégoûté du genre humain, alors qu'il allait toucher à sa dou-
zième année : « Les jeux de mes camarades m'attristaient, dit-il ;
« leur physionomie même me repoussait. Tout respirait un air de
« malice, de fourberie et de corruption qui soulevait mon cœur. L'im-
« pression fut si vive et si triste que les idées de suicide dont je
« n'avais jamais entendu parler m'assaillirent avec force. Je me sou-
« viens d'avoir passé des jours et des nuits à chercher par quels
« moyens je pourrais m'arracher une vie que je ne pouvais pas sup-
« porter. » (*Les Confidences,* liv. VI, § 1.)

Et plus tard, après deux ou trois épisodes de sa vie amoureuse,
il revient encore spontanément à la pensée du suicide :

« Je m'abîmai dans ma tristesse ; je revins sur tous mes pas dans
« ma courte vie. Je me demandais si c'était la peine d'avoir vécu et

---

« adoration! Raphaël, me comprenez-vous ? Vous ne serez plus Raphaël, vous êtes
« mon culte de Dieu ! » (LXXXVIII.)

C'est à de tels amants que s'adressent ces paroles de Bourdaloue :

« Je dis que c'est pour ce péché qu'on devient profanateur. L'aurait-on cru, si
« la même Providence n'avait fait éclater de nos jours ce que la postérité ne
« pourra lire sans en frémir ; aurait-on cru, dis-je, que le sacrilége eût dû être
« l'assaisonnement d'une brutale passion? que la profanation des choses saintes
« eût dû entrer dans les dissolutions d'un libertinage effréné? que ce qu'il y a de
« plus vénérable dans la religion eût été employé à ce qu'il y a de plus corrompu
« dans la débauche, et que l'homme, suivant la prédiction d'Isaïe, eût fait servir
« son Dieu même à ses plus infâmes voluptés? *Verumtamen servireme fecisti in
« peccatis tuis, et laborem mihi præbuisti in iniquitatibus tuis.* » (Is., 43.)

(*Sermon sur l'impureté.*)

« s'il ne vaudrait pas mieux être une des gouttes lumineuses de cette
« poussière humide évaporée en une seconde à ce soleil et se per-
« dant sans sentiment dans l'éther, qu'une âme d'homme se sen-
« tant vivre, languir, souffrir et mourir pendant des années et des
« années, et finissant par s'évaporer de même dans je ne sais quel
« océan de l'être, qui doit être plein de gémissements s'il recueille.
« toutes les douleurs de la terre et toutes les agonies de l'être sen-
« tant.

« Je n'ai fait que quelques pas, me disais-je, et j'en ai assez. Mon
« activité d'esprit se dévore elle-même faute d'aliment. Je sens en
« moi assez de force pour soulever ces montagnes, et ma destinée ne
« me donne pas une paille à soulever ! Le travail me distrairait et je
« n'ai rien à faire ! Toutes les portes de la vie se ferment devant
« moi. Il semble que mon sort soit d'être un exilé de la vie active,
« vivant sur la terre des autres, et n'étant chez soi nulle part que
« dans le désert et dans la contemplation ! » (*Les Confidences,* l. XII,
§ 29.)

Laissez-moi répondre à vos plaintes insensées par les belles paroles de M. le comte Molé sur Chatterton et sur Ketty Bell : « .... Son
« âme souffrait plus que son corps, c'est elle qu'il fallait arracher au
« poison dont elle se nourrissait, au charme énervant et corrupteur
« de ses vagues et mélancoliques rêveries ; il fallait lui montrer sur
« la terre cette vie pratique dans laquelle nous marchons tous, et au-
« dessus de sa tête quelque chose de plus élevé, de plus poétique
« que sa propre poésie ; lui dire que l'amour et la foi retiennent éga-
« lement le faible tenté de fuir dans le tombeau. . . . .
« . . . . Au delà du XVIIIe siècle,
« on ne retrouve plus leur trace. Ils appartiennent, croyez-moi, à des
« générations amollies, à une civilisation énervée, où l'homme s'ab-
« sorbant en lui-même et s'apitoyant sur sa propre destinée, s'isole
« de ses semblables et concentre toute son existence dans un stérile
« et plaintif orgueil [1]. »

Cette situation si bien décrite dans ces paroles empreintes d'une
pitié grave et sévère, ouvre notre âme à toutes les surprises, et nous
prépare à devenir criminels avant d'être vicieux.

C'est un mot terrible que je viens de prononcer ici pour la seconde

---

[1] *Réponse au discours de réception de M. Alfred de Vigny à l'Académie française,*
29 janvier 1846.

fois... Je ne l'ai pas rencontré, je l'ai choisi. Je sais que Raphaël et les admirateurs des *Confidences* me demanderont où est le crime? où est l'adultère? Je sais que Raphaël ne raconte que des amours tout éthérés où les sens n'ont point de part. Mais il me permettra bien de n'être pas plus grossier que lui-même, et de croire que l'homme qui a enlevé à un mari le cœur de sa femme lui a ravi d'elle tout ce qui avait quelque prix. « Je suis à vous, lui dit Julie-Elvire, je me donne « à vous, je vous appartiens comme je m'appartiens à moi-même... « Rien ne m'empêche d'être à vous tout entière, et je ne retiens rien «de moi que ce que vous m'ordonnez vous-même d'en garder. » (*Raphaël,* XXI.) Et sur le lac, au moment de mourir ensemble, elle lui dit encore : « Je ne puis être qu'une âme pour toi... tu sentiras le « besoin d'un autre bonheur... je mourrai de jalousie si tu le trouves « avec une autre femme. » (XXXV.) Les deux âmes sont volontairement liées l'une à l'autre d'un amour adultère : la complicité des deux corps ne peut plus ajouter rien au crime. Cependant, et malgré les protestations de Raphaël et de Julie, il faut bien que les corps participent à ces brûlants transports des âmes, et c'est encore Julie qui dit au même moment : « Pas une ride de ces flots ne trahira aux « curieux ou aux indifférents la place où deux corps auront glissé en « s'embrassant sous les ondes. »

Vous avez consacré un volume tout entier à l'histoire de vos amours avec Julie. Je ne puis pas, Raphaël, et pour bien des raisons, m'étendre sur ce sujet avec la même complaisance. Mais je ne veux pas le laisser sans avoir dit que, pour compléter cette détestable prédication de l'adultère, vous donnez à Julie un mari qui rappelle d'abord le Jacques de George Sand, mais qui est digne de le faire oublier. « Mon mari, dit Julie, me reprochait quelquefois mon indiffé « rence en badinant avec moi ; il me disait que plus je serais heu « reuse, plus il serait heureux lui-même de ma félicité. » (XIX.) Vous fîtes Julie heureuse, Raphaël, j'ai dit comment ; vous en fûtes payé par les témoignages de la reconnaissance de son mari. Vous le racontez vous-même : « Julie, le lendemain de mon arrivée, m'avait « présenté au vieillard qui lui servait de père, et dont elle illuminait « les derniers jours du rayonnement de son âme, de sa tendresse et « de sa beauté. Il m'avait reçu comme un second fils. Il connaissait « par elle notre rencontre en Savoie, notre attachement fraternel l'un « pour l'autre, notre correspondance de tous les jours, et cette pa-

« renté de nos deux âmes révélée par la conformité de nos instincts,
« de nos âges et de nos sentiments. Il savait la pureté surnaturelle
« de l'attachement que la nature et la société nous interdisaient d'al-
« térer jamais. Il n'avait d'inquiétude et de jalousie que pour le bon-
« heur, la renommée et la vie de sa pupille. Il craignait seulement
« qu'elle n'eût été séduite ou trompée par ces premiers regards qui
« sont quelquefois la révélation, quelquefois l'illusion des jeunes fem-
« mes, et qu'elle n'eût donné son cœur à un homme créé par sa seule
« imagination. » (LXXII.)

Il est vrai que ce mari, aux yeux de Julie et aux vôtres, est encore
plus un père qu'un mari... Prenez-y garde, Raphaël : vous reproduisez plusieurs fois cette excuse, et vous n'avez pas vu qu'elle renferme une pensée d'inceste. Pour accommoder toutes choses au gré
de nos passions, si les droits d'un mari nous gênent, il nous suffit de
nous incliner devant la majesté du père : dès lors il n'y a plus de
mari. L'adultère et l'inceste sont frères, et à votre insu, l'inceste
s'est déjà glissé parmi les idées que vous accueillez sans les regar-
der peut-être d'un peu près : « Je n'ai jamais cru, dites-vous, que
« madame de Warens se reconnût dans les pages suspectes de la
« vieillesse de Rousseau. Je l'ai toujours restituée, dans mon imagi-
« nation, telle qu'elle apparut à Annecy au jeune poëte, belle, sen-
« sible, tendre, un peu légère, quoique réellement pieuse, prodigue
« de bonté, altérée d'amour, et *brûlant de confondre les doux noms*
« *de mère et d'amante* dans son attachement pour cet enfant que lui
« jetait la Providence et qu'adoptait son besoin d'aimer. » (*Raphaël,*
XLIII.)

Ces noms-là ne se peuvent point confondre, mais tout au plus les
rapports de mère et de fils, d'amant et d'amante. Les sentiments
que la nature a attachés à ces rapports, disparaissent, et ceux qui ont
outragé toutes les lois divines, humaines et naturelles, ne vivent
plus entre eux que comme les plus vils des animaux.

Il ne faut pas compter trop sur l'horreur profonde que nous inspire
la seule pensée de ce crime abominable. L'expérience a prouvé que
tous les hommes peuvent s'habituer à la pensée de tous les crimes.
Rappelez-vous ce qu'était autrefois l'adultère dans nos idées, et voyez
ce qu'il est aujourd'hui.

Le romancier qui a contribué plus que tous les autres à le faire accepter dans une partie trop considérable de la société, comme une

chose juste et légitime, jugeant cette première tâche accomplie, en-
treprend maintenant la réhabilitation de l'inceste. Je voudrais pouvoir prédire qu'il ne retirera de ce projet que la honte de l'avoir en-
trepris. Mais il a déjà réussi ; sa première pastorale [1] (quel genre
pouvait mieux que la pastorale convenir à son dessein?) a excité
l'enthousiasme de ceux même que le cynisme des dernières œuvres
de l'auteur avait le plus irrités contre lui,

Chez quelques femmes, tout, le visage, la voix, le regard, tout
respire encore la vertu et l'innocence même, quand l'innocence et la
vertu sont perdues ; et ces dehors de l'honnêteté et de la pudeur,
qui, assurons-nous, ne se peuvent pas simuler, cachent quelquefois
les désordres les plus criminels. L'œuvre dont je parle ressemble à
ces femmes-là. La chasteté de la forme n'empêche pas que ce mélange, dans le même cœur et pour la même personne, de l'amour
filial et d'un autre amour, soit monstrueux, et ces séduisants dehors
rendent la pensée plus dangereuse. Le vice contrefait la voix de la
vertu pour mieux tromper l'innocence.

Il est difficile d'admettre que ce mélange de deux sentiments qui
doivent s'exclure et qui s'excluent malgré tout, — car l'amour filial
meurt au contact de l'autre amour, et la nature est ainsi vengée, —
ne soit pas l'effet d'un dessein arrêté. La perfection littéraire du
livre — éloge qu'il ne faudrait point prendre dans un sens trop absolu — ne permet pas cette supposition. Il est évident que l'auteur
de tant d'apologies de l'adultère se prépare à nous faire et nous prépare à recevoir l'apologie de l'inceste. Le succès de cette première
tentative est complet : des femmes honnêtes, chastes, pures, ont lu
cette pastorale avec la défiance que devaient leur inspirer les antécédents de l'auteur — si la défiance n'avait pas dû plutôt les empê-
cher de la lire ! — et déclarent n'y avoir rien trouvé que d'honnête
et de charmant.

Je ne vous fais pas complice, Raphaël, de cet exécrable dessein.
Je suis assuré que vous en maudissez jusqu'à la pensée. Mais je vous
accuse d'avoir, dans la composition de ce roman de votre passé,
parlé avec une légèreté condamnable de ces noms de père et d'é-
poux, de mère et d'amante, et, uniquement préoccupé de la pompe
du discours et de la cadence des phrases, de n'avoir pas compris le

---

[1] *François le Champi.*

sens funeste qui se glissait sous les mots que vous enfiliez artistement les uns au bout des autres.

Cependant soyez doublement attentif, attentif à ce que vous dites, attentif à ce que vous pensez. Ne croyez jamais une idée si épouvantable qu'elle ne puisse un jour vous séduire. Le crime comme l'abime a un attrait invincible contre lequel il n'y a de défense que la fuite. Si vous regardez au fond, vous vous y précipiterez en fermant les yeux et en frémissant d'horreur. Souvenez-vous de vous-même et de la colère généreuse que la vue de l'adultère éveillait il y a trente ans dans votre âme chrétienne. Qui vous eût dit alors qu'un jour vous vous complairiez à écrire l'histoire d'un amour adultère, et que vous vous en feriez vous-même le héros?

Le progrès est la loi de ce monde : c'est la maxime favorite de votre parti. Vous ne compreniez pas l'adultère, vous le comprenez aujourd'hui. Redoutez cette logique du progrès qui peut ouvrir votre intelligence à ce que vous ne comprenez pas encore!

Ainsi, me voilà ramené, sur quelque page que je m'arrête, à opposer ce que vous fûtes à ce que vous êtes devenu. En faisant au public vos confidences, vous poursuiviez un but tout opposé ; vous entrepreniez de vous faire un passé en harmonie avec vos idées et vos paroles d'à présent. En laissant ainsi voir ce que vous voudriez avoir été, vous avez marqué plus profondément les contradictions dont vous aviez résolu d'effacer entièrement la trace.

C'est par là — et vous ne l'aviez point prévu — que vos confidences sont une véritable confession. C'est un des caractères de la confession, de révéler les contradictions les plus secrètes de notre âme ; car l'unité de la vie a été le privilége d'un seul homme, l'Homme-Dieu. L'unité de la vie, si la vie est sainte, en est la perfection, et l'homme est imparfait. Combien pourrais-je vous nommer de fameux personnages dont la fin de la vie a contredit le commenment! L'histoire est remplie de tels exemples. Mais considérez saint Louis : l'unité de la vie est là ou elle n'est nulle part. Eh bien, ce grand et saint roi, si bon, si juste, si prudent, si courageux, si chaste, si pieux, s'agenouillait devant un ministre du Seigneur et lui confessait humblement les péchés qu'il avait pu commettre contre la charité, contre la justice, contre la prudence, contre la pureté, contre l'amour de Dieu ; il lui racontait, la rougeur au front, l'assaut cruel que des pensées honteuses (car nul n'y échappe) livraient sans cesse à tant de vertus. Il ne se mettait point en peine de prouver qu'il fût logique, conséquent et toujours semblable à lui-même. Il dénonçait, au contraire, l'existence au dedans de lui d'un autre homme, son ennemi le plus funeste...

Telle est la confession, — ne parlez plus de confidences : encore une fois, les contemporains et la postérité ne sont pas des confidents, — telle est la confession ou secrète ou publique. Elle est humble, sincère et pleine de repentir. Faute de ces qualités, secrète, elle est un sacrilége; publique, elle est un scandale!

Paris, ce 12 juin 1851.